AF509545

LA SALUBRITÉ DU CAFFÉ,

Prouve'e par la Raison et par l'Experience.

À GENEVE,

Chez les Libraires Associés.

M. DCC. LVII.

AVERTISSEMENT

DE

L'ÉDITEUR.

JE publie avec confiance ce Mémoire, qui a été lû dans une Société Litteraire de France. Le Sujet en est singuliérement intéressant pour ma Patrie, dans les circonstances présentes. Nous y entendons tous les jours de vaines déclamations contre le Caffé; & on ose les appuyer sur l'autorité d'un Médecin des plus célébres de notre République. Ce grand Homme mérite d'avoir des Sectateurs; & par-là même il est digne de ne pas manquer d'Adversaires. Je ne sais si les Partisans de ses opinions les défendent avec succès; mais elles paroîtront attaquées avec force; &, si je ne me trompe, détruites sans retour, dans ce petit Ouvrage.

On y réfute une Dissertation, dont l'Auteur ne s'étoit proposé rien de moins que de nous inspirer pour le Caffé toute l'horreur que nous avons naturellement pour les poisons les plus rédoutables.

Si l'Apologiste du Caffé n'a rien dé-
guisé, comme je le présume, de ce que
pouvoient avoir de plus spécieux les rai-
sonnemens de l'Académicien qu'il réfute;
le Public trouvera dans cet Ecrit le Pour
& le Contre, sur une Question, que le
soin de notre santé ne nous permet pas de
laisser indécise.

DE

DE LA
SALUBRITÉ
DU CAFFÉ.

UNE chose folle & qui découvre bien notre petitesse, c'est l'assu-jettissement aux Modes, quand on l'étend à ce qui concerne le vivre & la santé. Ainsi l'a prononcé le Théophraste de la France ; & personne ne s'est inscrit en faux. Ce fut donc une accusation bien grave qu'intentoit, il y a peu de mois, (*a*) un des nos Confières; lorsque, dans son élégante & ingénieuse Dissertation sur le Caffé, il avança que la (*b*) Mode donnoit faveur à cette boisson.

Définissez la Mode; & voïez si vous en trouverez les caractères, dans la pratique,

-----

(*a*) M. L. D. L. R.
(*b*) En faisant parler les Partisans du Caffé, M. L. D. L. R. dit. *Le Caffé est à la* MODE ... *En faut-il davantage, pour l'aimer ?* Et parlant ailleurs des Médecins qui autorisent l'usage du Caffé *je pense,* dit-il. *qu'il y a plus, de complaisance que de vérité dans leur sentiment, qu'ils se font un monstre de combattre la* MODE *, &c.*

A

dont il s'agit ici. Plus de quatre-vingts ans d'ancienneté ont bien droit d'en faire un ufage. La Mode eft effentiellement caractérifée par la nouveauté de fa datte: & à ce titre, le décri, où l'on s'efforce depuis un ou deux ans, de mettre le Caffé, ne doit-il point être imputé à la Mode ?

Mais je n'emprunterai point le ftile févère de la Bruyère ; & je me garderai de compter le dégout, qu'on affecte fort récemment, pour une liqueur bien-faifante, parmi les chofes folles, & qui découvrent notre petiteffe. Ou Mode, ou Ufage, fi l'humanité gagne à l'adopter, les vrais Philofophes ne balanceront pas. Négligeons donc le nom. Examinons la chofe.

Le Caffé eft-il utile ? Eft-il pernicieux ? Eft-il indifférent à la fanté ? Répondre à ces queftions, c'eft tout l'objet de ce Mémoire.

On ne regrettera pas, à ce que je penfe, de ne point y trouver l'hiftoire, quoiqu'agréable par elle-même, de la découverte de l'Arbriffeau, que nous nommerions le Caffier, fi le Public avoit adopté ce mot inventé par M. de Juffieu ; & auquel on s'eft accordé à conferver le nom de l'Arbre du Caffé, qu'on lui donna d'abord.

Cette hiftoire, mêlée, comme la plûpart des autres, de contes amufans, fe retrouve par-tout ; car, sans parler des Livres, qui ne sont ouverts qu'aux *Adeptes*, ou à ceux qui aspirent à le devenir ; les Dictionnaires, agréable ressource des Lecteurs paresseux & superficiels, se sont enflés les uns d'après les autres, de tout ce que les Voïageurs, ou Curieux, ou Crédules, ou Babillards ont raconté de singularités fort plaisantes, & peut-être de pure imagination, soit sur les bondissemens extraordinaires d'un troupeau de Chèvres, qu'on avoit mené paître parmi des arbres de Caffé ; soit sur le zéle bizarre de ce Derviche Musulman, qui profitant de ce phénoméne, recourut à des décoctions de Caffé, pour tenir ses Moines éveillés pendant la prière, & qui compta qu'avec un sang plus pétulant, ils auroient l'ame plus dévote.

Abandonnons ces historiettes aux infatigables Auteurs des compilations volumineuses, qui croïent avoir très-bien dit, quand ils n'ont laissé rien à dire.

Ils n'ont pas manqué de s'enrichir encore de l'exacte description du Caffé, de l'Arbre, de ses Fleurs, de ses Fruits. La grande (*a*) Histoire des Voïages, & plus anciennement les (*b*) Mémoires de l'Académie Roïale des Sciences avoient épuisé ces détails.

(*a*) Tome XI.
(*b*) Année 1713.

Mr. de Juſſieu les termine par deux Obſervations, dont j'ai regret de ne pas ſentir la juſteſſe. La première eſt conçuë en ces termes : ,, Il eſt aiſé de juger que l'ar-,, bre du Caffé ne peut être rangé ſous ,, un genre, qui lui convienne mieux que ,, celui des Jaſmins. ,, Notre habile Bo-taniſte obſerve en ſecond lieu que ,, par ,, la vuë du fruit de l'arbre du Caffé, l'i-,, dée qu'on s'étoit formée que ce fruit ,, fût une Fève cruë dans une gouſſe, ſe ,, trouve fauſſe. ,, Mais, obſerverai-je à mon tour; c'eſt préciſément à la vuë du fruit du Caffé, qu'on y reconnoit une ſorte de baïe ou plutot de légume, que la na-ture fait germer, croître & meurir ſous une envelope plus épaiſſe à la vérité dans ſa fraicheur, plus utile dans ſa maturité, que n'eſt la gouſſe de nos Fèves ; & qui, pour l'obſerver encore, doit être, à raiſon de ſon fruit, renfermé dans le genre des légumes ; puiſque la raiſon & l'uſage veu-lent qu'on enclaſſe les Arbriſſeaux, en ſe déterminant par leur fruit ſur le genre qu'on leur aſſigne.

Le ſavant Académicien, que j'oſe ainſi rapeller à des principes qu'il a très-bien approfondis, & qu'à peine j'ai effleurés, obſerve, dès les premières lignes de ſon Mémoire ſur le Caffé, que les erreurs, en cette matière, ont été multipliées au point qu'un ſeul Mémoire ne ſuffiroit pas à les

(5)

raporter toutes. Je néglige, à son exemple,
de censurer des Ecrivains obscurs & sans
autorité; mais j'ai dû relever la très-petite
inattention d'un grand Maître. Il faut ou-
blier un mauvais Ecrit, & critiquer les
bons Ouvrages.

Ce principe m'impose la nécessité de
ne point laisser sans réplique quelques Re-
marques préliminaires ou incidentes, dont
M.L.D.L.R. a cru pouvoir tirer des préjugés, contre l'usage du Caffé. Ainsi, selon
la méthode la plus sage à observer dans
les discussions contentieuses, j'écarterai
d'abord de vaines présomptions, pour établir ensuite avec plus de succès la force
de mes preuves, en faveur du Caffé.

La (a) Nature, dit on, l'a semé loin
de nous. L'intervalle est immense en effet,
entre la France & l'Arabie heureuse; d'où,
pour le dire en passant, nous vient le
meilleur Caffé; quelque assûrance qu'un
des nos meilleurs Botanistes nous donne
de la prétenduë supériorité de notre Caffé
des Isles : mais c'est toujours d'au-delà
des bornes de l'Europe qu'il nous le faut
tirer.

Or nos Philosophes, en raisonnant sur

____

(a) Si sa volonté (de Dieu) eût été que le Caffé
nous fût utile, elle ne l'auroit tout au plus destiné
qu'à ceux chez qui il naît.... *Et plus bas;* la nature
simple n'a pû avoir eu besoin de tant de secours éloi-
gnés. *Dissertation de M. L. D. L. R. sur le Caffé.*

le Commerce, nous font admirer la main difpenfatrice de tous les biens, dans les attentions qu'elle a eûës de les partager entre les différens Cantons de la terre. Dans l'inégalité & dans la différence des productions des divers païs, ils obfervent judicieufement la juftefle du moïen qu'a pris la Providence pour lier entre eux tous les hommes de tous les païs, par les fecours réciproques, qu'ils font forcés à s'entre-demander, & qu'ils peuvent s'entre-donner les uns aux autres. Tout homme concentré en lui même par fon amour propre ne pouvoit être excité que par la voix du befoin à rechercher les autres hommes.

Ofez infinuer que, dans les vûës de la Providence, une Nation ne doit rien emprunter d'une autre : n'ajouterez vous point encore, que de province à province, de ville à ville, de territoire à territoire, on n'a rien à s'entre-communiquer ? Car, fi on fe croit autorifé à dire que l'Auteur de la nature a borné nos befoins aux fecours qu'il a placés fous notre main, il faut pouffer à bout le fyftême fingulier de cette philofophie fauvage, qui métamorphofera la Société en fimples cotteries : Ou, fi cette conféquence vous allarme, fixez-nous jufqu'à quelle diftance de nos foïers domeftiques, il nous fera permis, fans nous écarter des intentions de l'Etre fuprême, de chercher d'utiles ou d'agréables supplémens à ce que la terre, que nous habitons, refuse à nos défirs.

J'ofe avancer qu'un efprit tant foit peu réfléchi ne fe hazardera point à affigner ces limites ; que je fuis pourtant en droit de demander que l'on nous fixe, puifque l'on ne veut pas que nous cherchions au loin aucune forte d'aliment.

Faudra-t-il donc nous renfermer dans les barrières, qui terminent l'Etat, où le Ciel nous fit naître ? A fuivre cette régle, le François, l'Efpagnol, & tout habitant d'un Empire vafte, floriffant & fertile n'aura peut-être que des agrémens ou des plaifirs à regretter : mais à quelle dizette ne fe trouveront pas réduits les Citoïens d'une petite République, telle que Raguze, ou que S. Marin !

Dira-t-on que chaque Peuple doit fe borner à faire ufage des productions du Continent, où fa naiffance l'a placé ? Et avec les yeux d'un (a) Poëte enthoufiafte, regardera-t-on les mers, qui baignent nos côtes, comme des barrières facrées, que l'impiété feule peut franchir ? Mais pourquoi ces intervalles liquides, que la nature & l'art nous ont appris à parcourir avec tant de vîteffe, formeront-ils de plus redoutables obftacles que tant de montagnes à gravir & tant de plaines à traverfer

[a] Impiæ
Non tangenda rates tranfiliunt vadâ. *Hor.*

au prix d'un tems ſi long & de frais ſi
conſidérables ? Le Provençal n'eſt-il pas
en effet bien coupable d'aller chercher,
en huit jours au-delà des mers, des den-
rées qu'il ne tireroit pas du milieu de la
France, en un mois ? Et fera-t-on un cri-
me ou aux Négocians de Bordeaux de
porter en Amérique le froment que la nature n'y a point ſemé ; ou à nos Colons
d'en préférer l'uſage à celui du *Maïs*,
qui y croît ?

C'eſt trop m'arrêter à détruire un préjugé, qui s'évanoüit dans l'Ouvrage même,
où l'on n'a eſſaïé, je penſe, de le faire
valoir, que pour compenſer par le nombre des argumens, ce qu'on ſentoit bien
qui devoit manquer à leur force.

Et en effet, après avoir tâché d'inſpirer
de l'éloignement pour le Caffé, parce
qu'il eſt étranger à notre terroir, on a la
bonne-foi de rappeller à notre penſée
tous les utiles ſecours que la Pharmacie
va nous chercher dans un autre hémiſ-
phére. Et comment à la vûë de tant de
ſpécifiques, ſi éprouvés & venus de ſi
loin, ne ſe reconcilieroit-on pas avec l'i-
dée ſi naturelle & ſi générale , qu'une pro-
duction quelconque, pour être étrangère,
n'en eſt pas moins digne de nos empreſ-
ſemens , dès qu'elle peut nous être utile ?

Mais

(9)

Mais (*a*) on infinuë en fecond lieu,
ou plutôt on ne balance pas à mettre en
fait, que le Caffé a altéré plufieurs tempéramens ; & on panche à croire qu'il eft
impoffible de prouver qu'il ait été réellement utile à perfonne.

Ceci eft moins qu'un préjugé ; ou bien,
c'eft une démonftration complette. Si, dans
la multitude prefqu'innombrable de ceux
qui font ufage du Caffé, il ne s'en trouve
point, ou même que fort peu, dont la fanté dépofe en faveur de cette boiffon ; tout
eft dit. Il n'eft plus queftion d'analyfe &
de raifonnemens. La raifon prouve-t-elle
l'utilité de ce que l'expérience démontre
inutile, ou même fort pernicieux ? Mais fi,
avec l'ufage conftant du Caffé, des tempéramens de toutes les efpèces, des plus dé-
licats, comme des plus vigoureux fe font
foutenus, depuis l'adolefcence jufques à la
caducité, dans une fleur de fanté à faire
envie ; cette preuve de fait, qu'on rencon-
tre prefque par-tout, anéantit la prétenduë
démonftration des rifques que l'on court,
& du préjudice qu'on fouffre, en prenant
du Caffé : & puifque la légéreté de la con-
verfation ne fouffre pas le férieux d'un
examen chymique, lorfque dans l'entre-

[*a*] Il paroit que le bien qu'a fait le Caffé à quelques perfonnes eft fort incertain puifqu'on ne peut
le démontrer ; & que le mal qu'il a fait à d'autres
eft très-certain. *Differtation de M. L. D. L. R.*

B

tien quelque difcoureur agréable déclame contre le Caffé, & le nomme (*a*) un poi-fon, que peut-on de mieux que de re-courir à la plaifanterie quoiqu'ufée, pour le forcer à convenir que c'eft au moins un poifon des plus lents ?

Du refte le foupçon qu'on peut bien for-mer en effet, mais que je n'aurois pas crû qu'on pût faire valoir, que ces preneurs de Caffé morts feptuagenaires, ou octo-genaires auroient peut-être pouffé leur car-rière plus loin, s'ils s'étoient interdit le Caffé, n'a pas plus de force que cet autre foup-çon : fans le Caffé, peut-être euffent-ils été arrêtés au milieu de leur courfe. Ce n'eft que conjecture de part & d'autre ; & la vé-rité, que nous cherchons ici, ne fe devine pas. Il faut l'étudier. C'eft aux principes in-times d'un aliment ou folide ou liquide à en prouver la Salubrité ou la mal-faifance : bien entendu qu'après avoir prouvé par la décompofition qu'un tel aliment peut être utile, il faut, pour conviction to-tale, que l'expérience démontre qu'il l'a été, & qu'il l'eft ordinairement. Car fi

[*a*] Tous ces Phénoménes que l'on cite, & *qui* par dérifion appellent le Caffé un poifon lent en effet, puifqu'il y a 80. ans qu'ils en prenent fans le ref-fentir, ne prouvent rien en faveur du Caffé, par la raifon, que ce font des Phénoménes, on ne peut rien en conclurre pour le général des hommes. Il refte encore à confronter s'ils n'auroient pas autant vêcu, & plus encore, fans le Caffé. *Differtation de M. L. D. L. R.*

l'on ne peut alléguer qu'un fort petit nombre d'exemples contraires, on pourra s'en servir, je l'avoüe, contre ceux qui perſuadés de la poſſibilité aſſûrément très-chimérique d'un Panacée univerſel, s'imaginent follement que la nature nous l'a fourni dans le Caffé : mais cette eſpèce de preuve ne forme pas même, ainſi que je le diſois, une préſomption contre cette liqueur, qu'on ne ſera pas moins fondé à regarder comme très-bienfaiſante, quoique quelques tempéramens mal conſtitués aïent été rebelles à ſon efficace ; ou quoique celle-ci eût été pernicieuſe à quelqu'un, qui en auroit fait excès. Les remédes les plus utiles perdent-ils, & doivent-ils perdre leur réputation, parce que, pour avoir été adminiſtrés indiſcrétement , ils ſont reſtés ſans effet , ou qu'ils n'en ont produit que de déplorables : ou parce qu'ils ne renferment pas toutes les vertus de cet Alkaëſt univerſel , qui fut l'ouvrage , la folie & le meurtrier de Wan-Helmont ? En un mot, dans l'apréciation d'un remède, il faut compter les faits, & les autorités encore, quand elles portent elles-mêmes ſur un grand nombre de faits, qui ſont bien conſtans. Or j'oſe avancer que, de cent perſonnes qui , pendant une ſuite d'années, ont fait uſage du Caffé, à peine en trouvera-t-on quatre, qui aïent crû en avoir été incommodées. Et il reſte à ſavoir

fi la guérifon, dont quelques-uns s'ap-
plaudiffent, depuis qu'ils ont renoncé à
cette liqueur, n'eft pas auffi imaginaire,
que les maux dont ils fe plaignoient.

On ne nous cite ici ni eftomac affoibli,
ni poitrine felée, ni maux de tête opinia-
tres ; bien moins encore, des langueurs
habituelles, des affections fiévreufes, qu'ait
guéri le retranchement du Caffé. Mais
vous rencontrerez quelques *Vaporeux*, qui
s'étant fortement convaincus que broüillés
une fois avec le Caffé, ils en auroient les
idées plus nettes, ont eu foi à leur imagination, & s'en font bien trouvés ; parce
qu'en effet il fuffit à ces fortes de malades de fe croire guéris, pour l'être.

Laiffons-les joüir de leur idée & de l'a-
vantage qui leur en revient. Que cela même, fi l'on veut, donne encore quelque
apparence de crédit à l'opinion de quelques Médecins, qui fe font déclarés contre le Caffé. Mais de crainte que leur fentiment, qu'on nous cite avec des éloges
bien glorieux à mériter, ne devienne conta-
gieux, cherchons à le pefer, pour en dé-
terminer la jufte valeur.

Je dis qu'il faut le pefer : car fi nous
nous bornions à compter les fuffrages, que
pourroient, contre le torrent de la Facul-
té, quatre ou cinq faifeurs de fyftémes
dans la Science, qui demande le moins
d'être traitée fyftématiquement.

Je

Je sais bien que dans tous les Arts, il y a eu des génies heureux, qui ont ouvert des routes nouvelles. Mais ignore-t-on aussi que, nulle autre part, la défiance pour les nouveautés n'est plus louable, que dans l'art de guérir ; parce qu'il ne faut qu'un homme hardi, pour annoncer des systémes de guérison, & que des malades, pour y croire ?

Ouvrez l'Histoire de la Médecine, vous y trouverez les déplorables monumens des succès passagers dont jouirent, & des maux irréparables que causerent les Médecins, qui se font piqués d'avoir des sentimens à part, jaloux d'élever leur réputation sur le blâme des procédés de leurs Confréres.

(*a*) Asclépiade, sans autre mérite, que l'appareil du Bel-Esprit, entraîna la confiance des Romains, passa pour le premier Médecin du monde, & causa d'abord dans la Médecine une révolution générale ; & bientôt après il mit en deuil la plûpart des familles, dont il avoit surpris la confiance.

(*b*) Un autre nommé Thessalus, avec le seul appui de sa présomption, s'érigea en réformateur de la Médecine. Il faisoit, dit l'Histoire, une leçon de Thérapeu-

(*a*) Voyez A. Critical Essay Upon the Works, of Physicians, by J. Bodley.
(*b*) Ibid.

C

tique, à quiconque venoit le confulter ; & fes malades le quittoient, fort contens d'un homme qui differtoit avec grace, & donnoit des recettes dont, avant lui, perfonne au monde n'avoit oui parler. Par ce fecret, Theffalus gagna une réputation floriffante. Les Grands fe lîvrerent à fa témérité. Le peuple fuivit le même caprice : mais bientôt ce Médecin célèbre par la multitude de fes malades, ne le fut plus que par le nombre de fes morts.

Ces traits, confignés dans l'Hiftoire, méritent de vivre dans notre fouvenir, pour nous fervir & de fauve-garde contre les opinions fingulieres, & d'encouragement à fuivre, foit pour la confervation, foit pour le rétabliffement de nos forces, l'avis des Médecins accrédités par un long ufage, & qui ne fe piquent d'ajouter de nouvelles connoiffances à leur profeffion, qu'en les appuïant fur la pratique, l'expérience, & les obfervations de leurs dévanciers.

Sous la fage conduite de ces guides fi éclairés, & dont l'unanimité donne une nouvelle force à l'autorité de leurs fentimens, élevons-nous au-deffus des fauffes allarmes ; dédaignons de vains préjugés ; &, pour le faire en toute connoiffance de caufe, cherchons dans la nature même du Caffé, de quoi réfoudre les doutes, & faire évanouir les difficultés, en répondant avec justesse aux questions que j'ai d'abord proposées : le Caffé est-il utile ? Est-il nuisible ? Est-il indifférent à la santé ?

J'établirai d'abord quelques Axiomes, dont les uns sont les conséquences, ou plutôt le résumé des observations précédentes ; les autres trouveront leur preuve dans la suite de ce Discours. Et les uns & les autres annonceront au moins qu'en faisant, s'il faut ainsi dire, l'apologie du Caffé, je n'ai garde de le donner pour un reméde à tous les maux, ce qui seroit une chimére ; ou même pour une boisson convenable à tous les tempéramens, & dans toutes les occurences, ce qui ne seroit pas moins chimérique.

Premier Axiome. Ce qu'un pais quelconque peut produire de bon, n'est pas destiné par la Providence à n'être utile qu'aux Peuples qui le voient croître sous leurs yeux. L'or, par exemple, ne germe qu'en certains païs ; & l'or ne laisse pas d'être assez utile par-tout. Donc si le Caffé fait grand bien aux Arabes, il pourra de même être fort utile aux Européans.

Second Axiome. Un aliment doit être reconnu pour très-bon, lorsque les Peuples de diverses Contrées & de mœurs différentes s'accordent à en faire un usage constant ; & que cet usage, par laps de tems, se répand de plus en plus, & devient toujours plus commun. Donc une grande partie de l'Afie, plufieurs Provinces de l'Afrique, toute l'Amérique civilifée, & l'Europe dans prefque toute fon étendue, dépofent en faveur du Caffé. La preuve s'en trouve dans l'énorme confommation qui fe fait de cette denrée.

Troifiéme Axiome. Dans la Médecine, comme dans la Morale, le parti le plus fage eft de fe gouverner par le fentiment des Docteurs les plus verfés dans la pratique, les plus attentifs à profiter des lumieres acquifes par leurs prédécesseurs, les moins jaloux de faire fecte par la fingularité de leurs opinions. Donc c'eft fagesse de croire fur la parole des Médecins que je viens de caractérifer, que l'ufage du Caffé eft chofe très-profitable à la fanté.

Quatriéme Axiome. Des infirmités habituelles ou accidentelles peuvent tourner en poifon l'aliment le plus falubre par lui-même, fans que cet aliment doive rien perdre pour cela de la réputation de fa falubrité. Donc quelques mauvais fujets à qui le Caffé n'eft pas convenable ; & quelques infirmités paffagéres, qui le rendroient pour un tems dangéreux ou même nuifible à de très-bons tempéramens, ne fauroient raifonnablement détruire la jufte confiance que nous infpirent en l'efficace de cette liqueur, les effets falutaires qu'il produit généralement, comme il eſt déja prouvé par l'expérience ; & qu'il doit ordinairement produire, comme il ſera bientôt démontré par l'apréciation de ſes principes.

Cinquiéme Axiome. La plûpart de nos maladies internes étant produites par de mauvaiſes digeſtions, on doit compter parmi les plus puiſſans préſervatifs, une liqueur dont l'effet propre & communément immanquable, eſt de communiquer au ſang une activité modérée, & à l'eſtomac toute la chaleur néceſſaire à la coĉtion des parties groſſieres des alimens, & à l'atténuation des plus ſubtiles. Donc il ne s'agira plus de demander ſi le Caffé eſt indifférent à la ſanté ; & les plus prévenus & les moins crédules ſeront forcés à le reconnoître pour un fort agréable & très-utile diſſolvant, ſi nous faiſons conſter de cette activité modérée qu'il communique au ſang, & de cette chaleur bienfaiſante qu'il répand dans toutes les parties de l'eſtomac. Or c'eſt ce qu'il faut à préſent démontrer. J'y procéderai par la voie de l'expérience, ſur laquelle j'inſiſterai ; & de l'analyſe, qu'il me ſuffira d'indiquer.

L'yvreſſe produite ſoit par des liqueurs, ſoit par des alimens ſolides, car il y a des plantes & des fruits qui enivrent, doit toujours être imputée à indigeſtion.

Faites cesser la cause, aussi-tôt l'effet s'évanouira. C'est ce qu'on a éprouvé sur différentes personnes, que le vin avoit pû surprendre. Une & quelquefois deux & trois tasses de Caffé ont opéré dans leur tête échauffée par de grossieres vapeurs, un retour presque instantané de tranquillité & de calme.

Les principes volatiles du vin exaltés avec affluence avoient inondé le cerveau. Il falloit, pour y tout remettre dans l'ordre, que ( ) les fumées suintassent, pour le dire ainsi, par les pores du crane, ou bien qu'elles fussent absorbées. Avec un tems plus ou moins long, selon que la liqueur enivrante contenoit plus de parties grossieres & visqueuses, elles se feroient en effet dissipées par les issues que je viens de nommer, ou bien les parties pituiteuses du cerveau les auroient absorbées. Le Caffé, plus actif dans ses opérations, ravive, presqu'en un moment, l'activité de l'estomac. Ses propres esprits s'élancent vers le cerveau ; ils y élevent

NOTE DE L'ÉDITEUR.

(a) Les Lecteurs instruits reconnoîtront ici les principes de Lemery. Ils ont fait illusion à l'Auteur. Je sais qu'il n'en disconvient pas ; & qu'il auroit substitué une explication plus satisfaisante du fait en question, s'il avoit lui-même publié son Ouvrage. Mais un système hasardé ou même faux, sur un phénomène quelconque, ne détruit ni la réalité du fait, ni les justes conséquences qui en résultent.

des parties pituiteuſes propres à abſorber les eſprits vineux , dont une partie atténuée & ſubtiliſée s'évapore avec plus de célérité ; & le retour de la raiſon annonce à l'inſtant & tout à la fois , & le ſoulagement de l'eſtomac , & le triomphe du Caffé.

Ce triomphe pourroit être rendu plus ſenſible par une explication plus détaillée des principes qui l'ont opéré ; mais j'abrége : & il recevroit un nouvel éclat du Recueil , qu'il me ſeroit aiſé de faire des autres merveilles , qui n'ont eu de cauſe que le Caffé ; mais une ſeule expérience bien conſtatée doit tenir lieu de pluſieurs autres dans une courte Diſſertation.

Je me contenterai de répondre à (a) ceux qui attribuent au Caffé la multitude des Apopléxies , très-communes en effet dans ce ſiécle , que Baglivy & d'autres Médecins comptent le Caffé parmi les remédes anti-apopleĉtiques ; & ils prouvent aſſez bien leur ſentiment par l'expérience, celle entr'autres de l'Apoplectique qui , ſelon les (b) Mémoires de l'Academie des Sciences , dut ſa guériſon à un lavement de Caffé ;

____

(a) Qui oſeroit ſoutenir que les Apopléxies devenues ſi fréquentes de jnos ours . . . . . n'aient pas une de leurs ſources dans l'uſage fréquent du Caffé, puiſqu'il eſt nuiſible aux nerfs . . . . . Diſſertation de M. L. D. P.

(a) Année 1702.

& par la raifon, puifque le Caffé leve les obftructions, met les efprits en mouvement, & furmonte la langueur des parties folides : & pour fatisfaire encore ceux qui penfent que le Caffé attaque le genre nerveux, je les prierai d'obferver que la paralyfie confiftant principalement dans l'engourdiffement des nerfs, & ne pouvant être diffipée que par la facilité qu'on rendroit aux efprits animaux de parcourir les filets nerveux, il eft abfurde de craindre que le cours de ces efprits foit arrêté par une liqueur, que l'on accufe d'autre part de l'accélérer trop précipitamment ; & qui réellement, pourvû qu'elle foit prife avec une jufte modération, ne leur communique que ce point précis d'activité, fi néceffaire dans la plûpart des hommes, aux fonctions de l'eftomac, à la circulation du fang, en un mot à la liberté de tous les organes.

Cette derniere propofition veut être entendue, dans le fens que lui fixent les deux modifications qui l'accompagnent. On doit fe fouvenir que je fais l'apologie de l'ufage, & non de l'abus du Caffé. L'abus deviendroit la caufe du mal même que l'ufage devoit guérir.

Et, pour ne pas fortir des expériences que j'ai citées, fi le Caffé pris avec fobriété entretient le jeu des organes, par la facilité qu'il donne au cours des efprits animaux , la même liqueur prife avec excès caufera des fermentations & des raréfactions exceffives. Par elles le fang appauvri , toutes les liqueurs du corps altérées , & par conféquent les parties folides s'affoibliffant , leurs fibres ne pourront que perdre beaucoup de leur force & de leur reffort ; bientôt le dérangement de l'œconomie animale conduira à une paralyfie complette , ou du moins partielle , & cette expérience funefte fera une preuve nouvelle , de ce qui n'eft déja que trop prouvé d'ailleurs ; fçavoir, qu'il n'eft rien de fi pernicieux que l'abus des meilleures chofes.

On dira : quelles peuvent être en ce point les bornes, qui féparent la fobriété de l'intempérance ? Une taffe ordinaire par jour eft la mefure la plus commune parmi les preneurs fages & modérés. Leur conduite pourroit fervir de régle ; quoiqu'à dire vrai, on ne fçauroit en établir de générale ; & c'eft bien ici que chacun doit s'étudier à devenir fon médecin, quand même on n'auroit pas atteint cet âge , au delà duquel , difoit (a) Tibére, on ne peut fagement en avoir d'autre que foi-même.

Du refte en bornant l'ufage du Caffé à une feule taffe par jour, on comprend

____

(a) Tacit. Annal. Liv. VI.

D

bien qu'il s'agit de celui , dont la prépa-
ration eſt telle qu'une livre de féves de
Caffé , roties avec les attentions conve-
nables , donne environ vingt-cinq ou vingt-
ſix taſſes. Avec la méthode de M. An-
dry , laquelle lui donnoit 384 priſes de
chaque livre de Caffé , on pourroit , à
l'imitation des Turcs , & à bien plus juſte
titre qu'eux , faire de certe liqueur preſ-
que ſon unique boiſſon.

Si c'étoit ici la place de preſcrire des
régimes , après avoir fixé la doze du
Caffé , j'examinerois en quel tems il eſt
plus utile de ie boîte. Un ſouper léger,
un ſommeil tranquille ne laiſſent pas dans
l'eſtomac , à l'heure du réveil , de ma-
tiere à l'action du Caffé ; & pour qui
n'a pas à craindre des crudités dans la
matinée , il paroit que le Caffé , à moins
qu'on n'en faſſe une nourriture plus ſubſ-
tantielle , en le coupant avec le lait , eſt
d'un meilleur uſage après le dîné : & comme il ne s'agit pas de précipiter la digeſtion , mais de la favoriſer , l'intervalle
d'environ une heure entre le repas & cette
boiſſon , feroit tout-à-fait convenable.

Mais à meſure que nous raprocherons
le tems du Caffé de celui du ſommeil,
on ſe croira fans doute menacé d'inſom-
nie ; & à cela , dit-on , il n'y a rien à
répondre : tant de gens ont éprouvé
qu'une taſſe de Caffé , priſe après leur

dîné, leur ôtoit une ou deux heures de sommeil !

J'opposerai expérience à expérience. Qu'on interroge tous ceux qui prennent chaque jour du Caffé ; ils n'en reculent pas leur sommeil d'un quart d'heure. Il en est même pour qui le Caffé devient une forte d'opium mitigé ; & j'en connois qui brouillés avec le sommeil, n'ont pas de soporatif plus efficace qu'une bonne & copieuse tasse de Caffé. On n'aura garde de s'en étonner, si l'on considére que le sommeil, j'entens un sommeil doux & fort tranquille, dépend singulierement d'une bonne digestion ; & n'est-il pas naturel que ce qui favorise celle-ci, devienne un principe efficace de l'autre ?

On insistera cependant sur l'expérience contraire ; & vous trouverez qui dira, que, pour avoir pris du Caffé, une fois au bout de quinze jours, il n'a pu s'endormir à son heure ordinaire. Je le crois bien. Le mouvement, quoique très-agréable & très-salutaire que communique à votre sang, à vos muscles, à vos arteres, le Caffé, que vous prenez si rarement, est une forte de phénoméne, dont l'impression, par sa nouveauté & sa rareté même doit intervertir l'ordre de vos opérations. Le sentiment d'une joye inopinée produiroit un pareil effet. Rendez ce senriment habituel ; & loin de troubler votre fommeil, il contribuera fans doute à vous le procurer plus tranquille. Ainfi en eft-il du Caffé. Peu fait à la douce agitation qu'il met dans le fang, vous vous plaignez de ce qu'une taffe prife une fois en quinze jours, vous tenoit trop longt-tems éveillé ? Le reméde eft facile & très-agréable. Accoutumez par un conftant ufage votre eftomac à l'utile fecours que le Caffé vous offre, & vous jouirez de tout le bien qu'il fait.

En parlant de l'activité que le Caffé communique à l'eftomac, j'ai ofé dire que ce véhicule, (ou tel autre fans doute, fi on peut en trouver d'auffi agréable & d'auffi bien-faifant) étoit néceffaire pour une bonne & facile digeftion. Mais j'ai ajouté ; dans la plûpart des Hommes.

M'aviferois-je, contre l'évidence du fait, de difputer à de vigoureux tempéramens le talent de digérer les viandes mêmes les plus indigeftes, fans autre fecours que ceux que la Nature a mis dans les fibres de leur eftomac, s'il triture ; ou, fi les alimens doivent fermenter, dans les acides, dont leur eftomac eft fourni. Uniffons à ces bons eftomacs les eftomacs trop-foibles de leur nature, ou notablement affoiblis par quelque infirmité. Les uns

& les autres feront l'exception à la régle ; ils s'interdiront le Caffé ; les pre-
miers comme une dépenfe au moins
inutile ; les feconds comme une dépenfe certainement ruineufe. Pourquoi
ceux-là voudroient-ils précipiter une
digeftion que leur eftomach ne laiffe
pas languir ? Et ceux-ci pourquoi ten-
teroient-ils de donner au leur une activité, qui l'épuiferoit ? Paffez-moi cette comparaifon. On ne preffe de l'épe-
ron ni les flancs d'un Courfier impé-
tueux, ni le fquélete d'un Cheval ou-
tré de fatigues.

Le Caffé n'eft donc pas un Panacée
univerfel pour tous les maux, ni une
liqueur convenable à tous les tempéramens : & ceux, qui aiment à trouver
tout dans l'antiquité, n'auroient pas dû
le reconnoitre dans le Nepenthés fi cé-
lébre d'Homére.

Non fans doute ; & d'autant moins
que le Nepenthés du Poëte Grec étant,
felon Euftathe, un fuc extrait d'une
Plante, il n'y a pas lieu de dire que ce
fût du Caffé. Et que deviendra l'opinion ou la conjecture des Doctes Com-
mentateurs, qui font boire du Caffé
aux Vainqueurs de Troïe, fi, comme
il y a toute appareuce, le Nepenthés,
ainfi que l'Ambroifie, n'eut jamais qu'-
une exiftence poétique ?

Quoiqu'il en foit de cet objet de pure érudition , il me refte à en déve-
loper un autre, qui ne fçauroit être ,
je penfe , de pure curiofité. C'eft la nature intime & les principes effentiels
du Caffé : & il ne faut pas dire ; s'il
eft prouvé par l'expérience que le Caffé eft utile , à quoi bon prouver qu'il
doit l'être ? Un Phyficien ne fera pas
cette queftion.

Après le récit des effets, qui peuvent
plaire à tout le monde, il veut qu'une
fçavante Analyfe lui mette fous les yeux
les caufes dont la connoiffance peut feule le fatisfaire pleinement.

Etranger , comme je le fuis, dans les
opérations de la Chimie , je m'étois
propofé de profiter ici du travail de Mr.
Geoffroy. J'en avois l'ouvrage fous les
yeux; & je m'effaïois à rendre en françois du moins intelligible, la belle la-
tinité de cet habile homme ; quand on
m'a fait remarquer qu'une longue cita-
tion feroit hors de place ; que la Chimie de Mr. Geoffroy eft entre les mains
de toute le monde ; que tout ce dé-
tail de livres, d'onces & de grains, de
flegme , d'acide & de fel , néceffaire
dans un cours de Chimie , feroit pour
le moins ennuïeux à la fuite d'une Differtation ; & qu'enfin celle-ci gagne-
roit à ne fe charger que des réfultats ,

ou plutôt des conféquences, qu'en tire nôtre favant Auteur.

Il rapporte deux Analyfes, faites, l'une dans fon Labotatoire ; l'autre dans l'Académie Roïale. Le réfultat en fut le même ; & Mr. Geoffroi en conclut que l'activité ou l'énergie du Caffé doit être attribuée à fon huile empyreumatique, très-facile à fe raréfier, que la torrefaction a impregnée de parties ignées, & qui fe trouve confonduë & mêlée avec beaucoup de fels volatiles urineux.

On objecte que l'apréciation de ces Souffres, de ces Sels & de ces Acides n'eft pas poffible ; & que conféquemment, de cette connoiffance il n'y a point de conclufion pratique à tirer.

Je laiffe aux Chimiftes le foin de répondre à l'objection ; & je me borne à dire qu'apparemment, ils ont crû avoir réuffi à aprécier ces principes différens, puifqu'ils en concluent l'utilité de la Féve, qui les contient. Ainfi Mr. Geoffroy (après avoir obfervé que dans ces Manufactures publiques de petite Litterature & de politique frivole, où l'on s'affemble pour y prendre du Caffé, bien plus par efprit d'amufement que par amour pour fa fanté) nous donne cependant à entendre qu'on y gagne tout à la fois de charmer fon loifir &de s'en porter mieux. Y a-t-il rien de moins à attendre d'une

boiſſon qui , ſelon l'Auteur , fortifie l'eſtomac , rappelle l'appétit , appaiſe les dou-
leurs des inteſtins , diſſipe les affections
léthargiques , purifie le cerveau , ranime
les eſprits animaux , & répand dans l'a-
me une gaité dont ſe reſſent toute l'habi-
tude du corps , & qui eſt trop favorable
aux fonctions de l'eſprit , pourqu'on doive jamais ſe flatter de décréditer le Caffé ,
dans la République des Lettres.

Le Docteur James , qui raporte auſſi
une Analiſe du Caffé très-détaillée , la conclut en ces termes "Il s'enſuit 1°. que le Caf-
„ fé tient de la vertu délaïante de l'eau
„ chaude,„ qui détend un peu les reſſorts à
la vérité , mais eſt cependant très-utile
à la digeſtion , puiſqu'elle délaïe les
alimens , & les prépare ainſi à l'action
des acides. 2°. " Qu'il poſſéde les qua-
„ lités émollientes & modérément nouriſ-
„ ſantes des ſubſtances farineuſes & huileu-
„ ſes. „ Obſervez que la flatuoſité du Caffé trouve ſon reméde ou ſon préſervatif
dans la torréfaction." 3°. Qu'en conſé-
„ quence de ſon principe volatil , il con-
„ tient des parties , qui éguillonent les fi-
„ bres & réveillent les eſprits animaux.
„ 4°. Que ſon principe huileux & ſon
„ principe ſalin , joints enſemble , agiſ-
„ ſent en qualité de ſavon naturel , &
„ que l'eau , qui en eſt une fois impre-
„ gnée , ſe mêle avec la maſſe du ſang

,, & agit par fa qualité réfolutive & dé-
,, terfive. On peut donc affurer que le
,, Caffé donne de l'activité, qu'il défal-
,, tere & appaife la chaleur extraordinai-
,, re, qui accompagne l'indigeftion & la
,, fiévre. ,,

Cette dernière qualité paroîtra remar-
quable ; & je l'appuîrai de ce mot de
Lefvenhoëk, qui dit en parlant du Caffé : *C'eft mon reméde pour la fiévre.*

Mais je ne veux pas accumuler les
citations. Ceux qui aiment à fe déter-
miner par l'autorité des noms les plus
célébres peuvent confulter (a) le Dic-
tionnaire de Médecine. Ils y trouveront
à cet égard tous les motifs d'une per-
fuafion très-raifonable fur la Salubrité
du Caffé.

Ils obferveront cependant que les Par-
tifans éclairés de cette boiffon en inter-
difent l'ufage à quelques mauvais tempéramens, & l'abus à tout le monde.
L'ordonance eft fage & précife, &

(a) J'inviterois plus volontiers encore à lire
un Traité fur le Caffé, par Sylveftre Du-four,
imprimé à Lyon en 1685. Cet Ouvrage affez
peu connu & fort digne de l'être, par la méthode qui y regne, la multitude des faits, l'é-
xactitude de l'Analyfe, la jufteffe des raifone-
mens, vient de me tomber entre les mains au
moment où j'acheve cette Differtation. fi j'avois
écrit contre le Caffé, cet Ecrivain m'auroit dé-
terminé à fupprimer mon Ouvrage.

tout-à-fait dans le goût de celle dont parle d'Herbelot.

Un Derviche & un Médecin avoient élevé la voix contre le Caffé. Ils ne se promettoient rien moins que de le décrier dans tout l'Orient. Le Derviche, Homme de la morale la plus sévére, condamnoit cette boisson, comme trop agréable. Le Médecin citoit l'exemple de quelques bûveurs, tout-à-fait déréglés qui, à force de faire excès de Caffé, s'étoient brulé le sang. Un Sage (l'histoire le nomme Abdulcader) qui réunissoit l'autorité de la place à celle des talens, fit un réglement pour autoriser l'usage du Caffé, & un livre, où il prouvoit, dit d'Herbelot, que *l'usage, que les Débauchés font de cette liqueur, ne doit pas empêcher les gens de bien de s'en servir.*

F I N.